BEI GRIN MACHT SICH IHR WISSEN BEZAHLT

- Wir veröffentlichen Ihre Hausarbeit, Bachelor- und Masterarbeit

- Ihr eigenes eBook und Buch - weltweit in allen wichtigen Shops

- Verdienen Sie an jedem Verkauf

Jetzt bei www.GRIN.com hochladen und kostenlos publizieren

Psychotherapie in der Pandemie. Steigende Bedarfe und Lösungen für Kinder, Jugendliche und ihre Familien

Dr. Björn Tesmer

Bibliografische Information der Deutschen Nationalbibliothek:

Die Deutsche Nationalbibliothek verzeichnet diese Publikation in der Deutschen Nationalbibliografie; detaillierte bibliografische Daten sind im Internet über http://dnb.d-nb.de abrufbar.

ISBN: 9783346374523
Dieses Buch ist auch als E-Book erhältlich.

Druck und Bindung: Books on Demand GmbH, Norderstedt Germany
Gedruckt auf säurefreiem Papier aus verantwortungsvollen Quellen

Das vorliegende Werk wurde sorgfältig erarbeitet. Dennoch übernehmen Autoren und Verlag für die Richtigkeit von Angaben, Hinweisen, Links und Ratschlägen sowie eventuelle Druckfehler keine Haftung.

Das Buch bei GRIN: https://www.grin.com/document/996058

Psychotherapie in der Pandemie

Steigende Bedarfe und Lösungen für Kinder, Jugendliche und ihre Familien

von

Dr. sc. paed. Björn Tesmer
Diplom-Pädagoge

Heilpraktiker für Psychotherapie (gem. HeilprG), Freiberuflicher Dozent und Berater,

Studium der Pädagogik in Hamburg, Promotion in Flensburg.

Seither in Fach- und Führungspositionen der Sozialbrache tätig sowie als freiberuflicher Dozent und Berater.

Lehrbeauftragter an der Europa Universität Flensburg von 1998-2016 für quantitative und qualitative Methoden der empirischen Sozialforschung, zzgl. einiger Seminare für Statistik und Psychologie.

Arbeit abgegeben am 25.12.2020
SRH Fernhochschule
Studiengang: Psychologie B. Sc.
Modul: Entwicklungspsychologie
Note: 1,0
Hier vorliegend: durchgesehene und korrigierte Version des Autors.

Inhaltsverzeichnis

Abkürzungsverzeichnis

AV	Abhängige Variable
bspw.	beispielsweise
bzgl.	bezüglich
bzw.	beziehungsweise
et al.	et alii, et aliae übersetzt: und andere
FAS	Fetales Alkohol Syndrom, Alkoholembryopathie
F x	ICD-10 F = Hinweis auf ICD-10 Kapitel oder Code
gem.	gemäß
ggfs.	gegebenenfalls
ICD	international classification of diseases
i.d.R.	in der Regel
incl.	inclusiv(e)
i.S.v.	im Sinne von
Kap.	Kapitel
lat.	lateinisch
m.a.W.	mit anderen Worten
PTBS	Posttraumatische Belastungsstörung
s.	siehe
s.o., s.u.	siehe oben, siehe unten
sog.	sogenannte
u.a.	unter anderen/m
UV	Unabhängige Variable
v.a.	vor allem
vgl.	vergleiche
z.B.	zum Beispiel
Zus.	zusätzlich

Abbildungsverzeichnis

Tabellenverzeichnis

1. Störungsbilder bei Kindern und Jugendlichen: Entstehung und Merkmale

Im ICD-10 Kapitel V (F) (WELTGESUNDHEITSORGANISATION 2010) finden sich die wesentlichen (jedoch nicht vollständig alle möglichen) psychischen Störungen des **Kindes- und Jugendalters** in den Kapiteln F5 und F7 bis F9: Essstörungen (F5, F9), Intelligenzminderungen (F7), Entwicklungsstörungen (F8) sowie Verhaltens- und emotionale Störungen (F9) sind dort u.a. gelistet.

Diese Störungsbilder und ihre Therapie, sowie insbesondere auch das Ziel der Lösungserarbeitung auf der Ebene des Gesundheitssystems bzgl. des erhöhten Bedarfs durch die COVID-19 Pandemie, sind Gegenstand dieser Arbeit. (Anstelle einer weiteren Einleitung wird auf die Zusammenfassung (Kap. 5) aufmerksam gemacht.)

1.1 Entstehung psychischer Störungen bei Kindern und Jugendlichen

An der Ätiopathogenese können sowohl biologisch-medizinische (hierunter sollen sowohl genetische als auch organische Faktoren verstanden werden), als auch psychologische (incl. entwicklungspsychologische) und soziale (Risiko-)Faktoren mit variierender Gewichtung je nach Störungsbild und Einzelfall beteiligt sein. Grundsätzlich ist die Verursachung mittels verschiedener Modelle vorstellbar, wie bspw. dem Vulnerabilitäts-Modell oder anhand von Entwicklungspfadmodellen.

Das Vulnerabilitätsmodell (Vulnerabilität (lat.) bedeutet in etwa Verwundbarkeit, Verletzlichkeit) integriert bio-psycho-soziale Risikofaktoren als prädisponierende Faktoren mit störungsauslösenden Faktoren und solchen, die den weiteren Verlauf beeinflussen (MÖLLER et al. 2005: 135-140). Es zeigt, wie die Faktoren in Wechsel-wirkung miteinander eine erhöhte persönliche Verwundbarkeit i.S.v. Anfälligkeit für weitere hinzukommende Belastungen wie etwa kritische Lebensereignisse bedingen und damit die potentielle Ausbildung von Symptomen verursachen (KNOKE 2017: 67).

Das Modell kann auf verschiedene Störungen angewandt werden, wie bspw. Essstörungen, Sucht oder Depression. Am bekanntesten ist jedoch die Anwendung zur Beschreibung der Ätiopathogenese der Schizophrenie (WITTCHEN & HOYER 2011: 834-835, CASPAR et al. 2018: 86-88, EBERT 2003: 170-173, MÖLLER et al. 2005: 135-140).

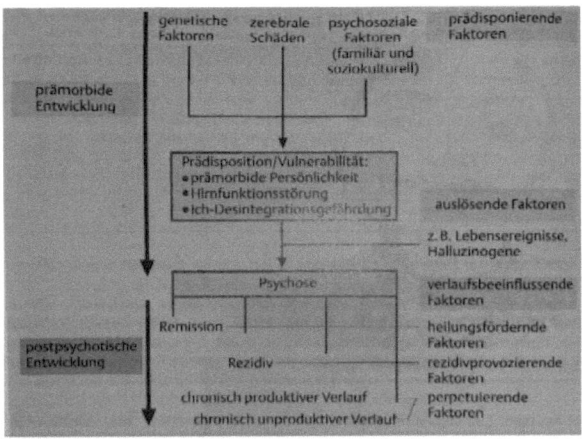

Abbildung1: Multifaktorielle Ätiopathogenese der Schizophrenie (Quelle: MÖLLER et al. 2005: 136).

Im Rahmen des obigen Modells (Abb.1) sind (entwicklungs-)psychologische, familiäre, soziale und soziokulturelle Faktoren als psychosoziale Faktoren zusammengefasst. Behavioristen halten hier die Lerngeschichte eines Kindes für ausschlaggebend. D.h. dass die Summe (ungünstiger) Konditionierungen und anderer Lernerfahrungen (wie etwa Lernen am Modell bspw. aggressives Verhalten der Eltern oder Orientierung und Anschluss an problematische (subkulturelle) peer-groups) einen entscheidenden Beitrag zu einer ggfs. psychopathologischen Entwicklung liefert. Tiefenpsychologen hingegen halten regelmäßig nicht lösbare Konflikte, welche daher folglich abgewehrt werden müssen, für den entscheidenden Nährboden psychischer Störungen. Genetische Faktoren und zerebrale Schäden hingegen repräsentieren im Zuge des obigen Modells die biomedizinischen Faktoren (Details s.u.). Dieses zeigt insgesamt zunächst auf, wie die Faktoren im Zusammenwirken eine Störung bedingen können und wie im zweiten Schritt ihre Summe zum Überschreiten der individuellen Vulnerabilitätsschwelle führt, was die Störung auslöst. Es können, metaphorisch als Tropfen, der das Fass zum Überlaufen bringt, noch auslösende Faktoren wie kritische Lebensereignisse oder Drogenkonsum hinzukommen, was aber nicht immer so sein muss. Auch der weitere Verlauf einer Störung wird im Übrigen von diesen bio-psycho-sozialen Faktoren abhängig sein.

Dies ließe sich vereinfacht (ohne explizite Berücksichtigung auslösender Faktoren) wie folgt darstellen:

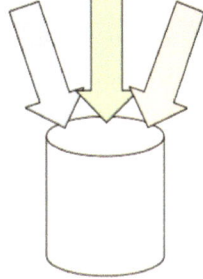

Biomedizinische, psychologische und soziale Risikofaktoren werden im Vulnerabilität-Stress-Modell integriert

Abbildung 2: Vulnerabilität: Grafische Regenfass-Metapher (Quelle: TESMER 2020: 7)

Die entscheidende Idee dieses Modells besteht in der Integration biomedizinischer und psychosozialer Faktoren und damit in einer Abkehr von linear-monokausalen ätiopathogenetischen Betrachtungen psychischer Störungen zugunsten einer multiperspektivistischen Orientierung. Damit greift das Modell im Grunde auch die bekannte Anlage - Umwelt Interdependenz - im Sinne einer dynamisch-interaktiven Betrachtung von Entwicklungsfaktoren - auf und spezifiziert diese im Hinblick auf die Pathogenese psychischer Störungen.

Entwicklungspfadmodelle bieten darüber hinaus noch Hinweise auf zeitliche Abfolgen bzw. Verläufe der Entstehung psychischer Störungen im Kindes- und Jugendalter (KNOKE 2017: 69). Auch hier ist, wie im Rahmen des Vulnerabilitätsmodells, vorab eine Betrachtung gewisser **Risikofaktoren** angebracht. Zu diesen gehören u.a.:

Organische Störungen: Als Beispiele mögen hier autistische Störungen (laut ICD-10 F84.x "tiefgreifende Entwicklungsstörungen") und Intelligenzminderungen (F7) dienen. Beiden Störungsspektren liegen ätiopathogenetisch neben anderen Faktoren (bspw. genetischen Abweichungen) wohl auch organische Störungen zugrunde. Allgemein können pränatal Teratogene (bspw. Drogen und Umweltgifte) körperliche und funktionelle Schädigungen (mit) hervorrufen wie bspw. Intelligenzminderung (F7) und andere (KNOKE 2017: 67). Bekannt ist in diesem Zusammenhang insbesondere auch das FAS. Perinatal kann insbesondere eine Sauerstoffunterversorgung, bspw. im Zuge eines protrahierten Geburtsverlaufs, zu Hirnschädigungen führen (KNOKE 2017: 67). Auch leichtere kognitive Defizite (Lernbehinderungen, IQ 70-90) können den Entwicklungsverlauf eines Kindes verzögern, insbesondere wenn gleichzeitig ein schwieriges Temperament (s.u.) vorliegt. Bspw. können pädagogische Hinweise, Gespräche und Interventionen der Eltern oder auch Erzieher*innen in der Kita nicht gut verstanden werden und oft nur verzögert abgespeichert werden.

Genetische Störungen: Hier können sowohl ADHS (F90.x) als auch umschriebene Entwicklungsstörungen (F8x) als Beispiele dienen. Gendefekte können außerdem zu schwerwiegenden körperlichen, aber auch psychischen (incl. geistigen) Beeinträchtigungen führen oder beitragen (KNOKE 2017: 67).

(Angeborenes) Temperament: Hierunter versteht man allgemein bereits frühkindlich sichtbare Verhaltensweisen und Eigenschaften, welche relativ stabil sind und damit letztlich auch die Persönlichkeit mit beeinflussen (KNOKE 2017: 50). Grundsätzlich unterscheiden Forscher drei Temperamenttypen, nämlich das einfache, positive Kind, das schwierige, wenig anpassungsfähige Kind und das langsam auftauende Kind (KNOKE 2017: 51). Das Temperament ist im Übrigen entscheidend genetisch mitgeprägt, eine Variabilität über die Lebensspanne ist aber möglich (KNOKE 2017: 51). Spätere Anpassungsprobleme können daher besser vorhergesagt werden, wenn die neben dem kindlichen Temperament auch das elterliche Verhalten betrachtet wird (KNOKE 2017: 51). Wenn Eltern bspw. ein schwieriges kindliches Temperament in der Interaktion mit Geduld und Verständnis kompensieren können und behutsam pädagogisch lenkend Verhaltensänderungen initiieren, mag ein schwieriges Temperament mit der Zeit kaum mehr ins Gewicht fallen. Ungeduldige und überforderte, möglicherweise auch mit sich selbst beschäftigte Eltern hingegen, die deutlich disziplinierend oder unstet reagieren (inkonsistentes Erziehungsverhalten) können ein schwieriges Temperament des Kindes jedoch noch befördern (KNOKE 2017: 52).

Bezüglich des **Elternverhaltens** ist also entscheidend, wie passgenau sie die Interaktion mit ihrem (schwierigen) Kind zu gestalten vermögen. Tatsächlich ist die Familie insgesamt oft genug Quelle der wesentlichen protektiven Faktoren, gleichzeitig aber auch potentiell der Ort der größten Belastungen. Wichtige Aspekte bzgl. des Elternverhaltens sind das Angebot von Liebe und Nestwärme, die angemessene Bedürfnisbefriedigung der kindlichen Bedürfnisse, der Aufbau von Urvertrauen und sicherer Bindung, das stete Angebot eines "sicheren Hafens" sowie Sicherheit und Zuverlässigkeit allgemein sowie eines konsistenten Erziehungsstils.

> „Consistency is a critical parenting behavior. Research has found that children can tolerate a variety of adult behavior as long as that behavior is predictable. Children have greater difficulty tolerating inconsistency." (GOLDSTEIN & GOLDSTEIN 1990: 116-117)

Weiter ist sicherlich noch die Förderung explorativen Verhaltens des Kindes von Bedeutung, das Erkennen und Fördern von Interessen, gemeinsame Beschäftigung (unter Vermeidung von Bildschirmmedien), insbesondere auch Vorlesen, Geduld bei kindlichen Missgeschicken und Unterstützung in schwierigen Situation ebenso wie Zurückhaltung in Situationen, die das Kind allein zu bewältigen vermag. Eltern, die obige Aspekte nicht oder kaum bedienen können, werden für ihr Kind einen Risikofaktor darstellen. Häufig geraten hier **strukturell gestörte Familien** (bspw. Einelternfamilien) in Überforderungssituationen oder andere Schwierigkeiten und die familiären Funktionen können nicht vollständig erfüllt werden. Aus einer strukturell gestörten Familie wird so auch schnell eine **funktionell** gestörte Familie.

Sozioökonomische Ressourcen sind im Übrigen ebenfalls von Bedeutung für die kindliche Entwicklung (KNOKE 2017: 67). Diese bedingen die Möglichkeiten der kindlichen Bedürfnisbefriedigung, der Spiel- und Explorationsmöglichkeiten, die Schul- und Wohnumgebung, ja umfassend die Art und Anzahl der Wahlmöglichkeiten entscheidend mit. Die Armut der Eltern bedingt oft auch die Armut der Kinder und damit schlechtere Möglichkeiten der Teilhabe und Entwicklung. Darüber hinaus führt ein ständiger Mangel finanzieller Mittel potentiell zu Stress, Insuffizienzerleben, Unzufriedenheit, Angst, Ärger, Scham oder anderen belastenden Gefühlen bei den Eltern, was ebenso die elterliche Förderung der kindlichen Entwicklung beeinträchtigen kann.

Entwicklungspfadmodelle zeigen grundsätzlich nicht nur die Summe der Risikofaktoren, sondern auch deren Abfolge (KNOKE 2017: 69). Es wird deutlich, welche Problemlagen im Verlaufe welche dann folgenden weiteren Probleme bedingen (können). Die Modelle wollen insbesondere die frühzeitigen Entwicklungsrisiken herzeigen und auf diese abgestimmte, ebenfalls möglichst frühzeitige Präventions- und Interventionsmöglichkeiten entwickeln (KNOKE 2017: 69). Darüber hinaus sollen auch in den späteren Verlauf eingreifende Interventionen entwickelt werden. Grundsätzlich soll neben der Beschreibung insbesondere die Reversibilität solcher kritischen Pfade betont werden.

Schutzfaktoren wirken diesbezüglich grundsätzlich in eine gewünschte, positive Richtung. Sie können in gewisser Weise Risikofaktoren (teilweise) aufwiegen, ausgleichen und/ oder die Beziehung zwischen Risikofaktoren und Ausbildung von Symptomen im positiven Sinne intervenieren.

"Unter **Schutzfaktoren**, auch protektive Faktoren genannt, werden im allgemeinen Ressourcen verstanden. Schutzfaktoren sind die Faktoren, die einem Individuum verfügbar sind, um allgemein im Leben gut zurecht zu kommen, aber auch um sich gegen Risikofaktoren und Belastungen "zur Wehr zu setzen" oder mit ihnen eine den Umständen entsprechend konstruktive Umgehensweise zu entwickeln. Man kann sich Schutzfaktoren in vereinfachter erster Näherung als intervenierende Variablen vorstellen. Sie intervenieren die Beziehung zwischen Risikofaktoren (UV) und tatsächlicher Erkrankung (AV), sowie in diesem Zuge auch Ausprägung der Symptome, Verlauf der Erkrankung, Remission, ggfs. Residualzustände oder Rezidive." (TESMER 2020: 8)

KNOKE (2017: 67) benennt als Schutzfaktoren günstige genetische Konstellationen, stabile soziale Beziehungen (welche soziale Unterstützung bieten können), ein positives Schul- und Klassenklima sowie autoritativer Erziehungsstil der Eltern.

"Der autoritative Erziehungsstil führt – wenn man so will – zu den günstigsten Ergebnissen. Er beinhaltet, dass Eltern ihre Kinder kontrollieren, ihnen Strukturen vorgeben und Grenzen setzen und dabei ein Gefühl von elterlicher Wärme und Zuneigung vermitteln. Kinder, die autoritativ erzogen werden, sind im Vergleich zu anderen Kindern selbstständiger, selbstbewusster, geselliger und insgesamt zufriedener." (SCHMITHÜSEN & FERRING 2015: 273)

Schutzfaktoren sind damit in gewisser Weise das Gegenteil von Risikofaktoren. Darüber hinaus ist die Betrachtungsweise nützlich, dass Schutzfaktoren über das Gegenteil von Risikofaktoren hinausweisen können. Bspw. können stabile soziale Beziehungen (s.o.) Ersatzbeziehungen zu den primären Bezugspersonen sein, wenn bspw. ein Kind aus schwierigen Familienverhältnissen überwiegend im Haus einer Nachbarsfamilie verkehrt und dort Anschluss, Wertschätzung, Orientierung, Stabilität und Bedürfnisbefriedigung findet. Solche Betrachtungen finden sich im Rahmen der Theorien der Resilienz (PETZOLD & MÜLLER 2004; SIEGRIST & LUITJENS 2012) und der Salutogenese (ANTONOVSKY 1985; PETZOLD 2010) integriert, deren umfassende Darstellung hier jedoch nicht erfolgen kann. Dagegen sei ein wichtiger Schutzfaktor im Zusammenhang mit dem Thema dieser Arbeit noch ergänzend genannt: Bedeutsam ist die Verfügbarkeit einer spezifischen, zielgruppenadäquaten Psychotherapie (PETZOLD & MÜLLER 2004: 185-186) für Kinder und Jugendliche. In der Bundesrepublik Deutschland ist diese Forderung insbesondere durch den Beruf und die

Verfügbarkeit der Kinder- und Jugendlichentherapeut*innen prinzipiell eingelöst, wenn auch die Wartezeiten dort lang sind (s. Kap. 4).

Das sog. **Entwicklungsaufgabenmodell** von HAVIGHURST (1981, zitiert nach KNOKE 2017: 68) geht davon aus, dass sich jedem Menschen zwangsläufig Entwicklungsaufgaben stellen, welche individuell bewältigt werden müssen. Solche Entwicklungsaufgaben ergeben sich bspw. regelmäßig aus normativen, aber auch nichtnormativen Einflüssen (BERK 2005: 13-14). Letztere sind solche, die nur von einem Menschen oder wenigen Menschen erlebt werden, quasi nicht reguläre Einflüsse wie bspw. das Betroffen sein von einer seltenen Krankheit (BERK 2005: 13-14). Normative Einflüsse hingegen werden von (fast) allen Menschen einer Gesellschaft geteilt. Sie können altersbedingt sein wie bspw. das Laufen lernen mit etwa 15 Monaten oder aber epochal (BERK 2005: 13) wie bspw. das Erleben der COVID-19 Pandemie derzeit. Diese Betrachtungen implizieren mindestens zwei neue Aspekte: Zunächst erfordert die Bewältigung eine individuelle Auseinandersetzung und Bearbeitung der Entwicklungsaufgabe, was als aktiver Beitrag des Individuums verstanden werden sollte. Und zum Zweiten leistet das Individuum mit der erfolgreichen Bewältigung nicht nur eine produktive Anpassung und damit das Erklimmen einer nächsten Entwicklungsstufe, sondern es gewinnt auch Vertrauen in seine Bewältigungskompetenz angesichts herausfordernder Aufgaben, was salutogenetisch betrachtet zumeist wiederum das Kohärenzgefühl stärken wird. Eine in gewisser Weise ähnliche Betrachtung findet sich im Übrigen bei ERIKSON:

> "Das menschliche Wachstum soll hier unter dem Gesichtspunkt der inneren und äußeren Konflikte dargestellt werden, welche die gesunde Persönlichkeit durchzustehen hat und aus denen sie immer wieder mit einem gestärkten Gefühl innerer Einheit, einem Zuwachs an Urteilskraft und der Fähigkeit hervorgeht, ihre Sache >>gut zu machen<<, und zwar gemäß den Standards derjenigen Umwelt, die für diesen Menschen bedeutsam ist." (ERIKSON 2020: 56)

Dies ist deshalb interessant, weil HAVIGHURST deutlich von ERIKSON beeinflusst wurde (SCHMITHÜSEN & FERRING 2015: 269). D.h. die grundsätzliche Idee, dass bewältigte Entwicklungsaufgaben - bzw. bei ERIKSON (2020: 56) innere und äußere Konflikte bzw. Krisen (ERIKSON 2020: 60-62) - zu einer Art inneren Wachstum und Vertrauen in sich selbst führt findet sich auch bei ERIKSON (2020: 55-62). Das Bewältigungsmodell findet sich außerdem später bei ANTONOVSKY (1985), in der Resilienztheorie und bei LAZARUS (2005; LAZARUS & LAUNIER 1981).

In gewissem Sinne bietet dieses "Bewältigungsmodell" (bzgl. Konflikten, Krisen oder Entwicklungsaufgaben) darüber hinaus die Möglichkeit, die hier insgesamt ausgeführten Überlegungen zu integrieren. Im Einzelnen: Die Betrachtung des Vulnerabilitätsmodells und insbesondere auch tiefenpsychologische und behavioristische Konzepte liefern eine klare Idee bio-psycho-sozial kritischer Risikofaktoren. Das Schutzfaktorenkonzept und auch die Konzepte der Resilienz und der Salutogenese benennen umfassend Faktoren und Dynamiken, welche in eine positive Richtung wirken (können). Entwicklungspfadmodelle liefern darüber hinaus entwicklungspsycho(patho)logische Prozessmodelle. Diese Betrachtungen werfen nun die Frage auf, wie es nun zu Störungen der Entwicklung kommt (KNOKE 2017: 68). Ausgehend von der Tatsache, dass jeder Mensch im Laufe seines Lebens immer wieder herausgefordert ist, anstehende Konflikte, Krisen und Entwicklungsaufgaben zu bewältigen, besteht auch die Möglichkeit, dass er an diesen scheitert oder sie nur partiell oder verzögert zu bewältigen vermag. Wenn das geschieht bedingt es an sich bereits eine Verzögerung oder Störung der Entwicklung, darüber hinaus jedoch bauen sich parallel oft keine ausreichende Bewältigungskompetenz und keine ausreichenden Bewältigungsressourcen auf (HAVIGHURST 1981, zitiert nach KNOKE 2017: 68). Letzterer Gedankengang findet sich ganz ähnlich in der Theorie der Salutogenese: Gescheiterte Bewältigungsversuche mindern potentiell das Kohärenzgefühl sowie die Wahrscheinlichkeit, dass weitere Widerstandsressourcen aufgebaut werden können (ANTONOVSKY 1985, Modell im Anhang1; PETZOLD 2010). Solcherlei mangelnde Ressourcen, Kompetenzen und Stimmigkeit (i.S.v. Kohärenzgefühl) bedingen potentiell weitere Fehlentwicklungen, denn unaufhörlich stellen sich dem Menschen weitere und zusätzliche Entwicklungsaufgaben, ohne dass er für diese adäquat gerüstet erscheint. Umgekehrt ist es aber auch so, dass Stressoren, Herausforderungen und eben auch Entwicklungsaufgaben bei erfolgreicher Bewältigung das Kohärenzgefühl, die Bewältigungskompetenzen, das Selbstwirksamkeitsgefühl und die weitere Aneignung von Ressourcen fördern. Das bedeutet, das nicht von vornherein gesagt werden kann, ob ein Stressor oder eine schwierige Entwicklungsaufgabe pathologisch wirkt. Gelingt die Bewältigung, geschieht das Gegenteil: Die Person wächst meist an der erfolgreich bewältigten Herausforderung und geht gestärkt aus dem Prozess hervor. Daraus ergibt sich folgerichtig, dass nicht die Abwendung von gewissen Belastungen und Aufgaben das Ziel psychologischer oder pädagogischer Bemühungen sein kann, sondern deren Bewältigung bzw. (fachliche) Unterstützung bei deren Bewältigung.

1.2 Merkmale psychischer Störungsbilder von Kindern und Jugendlichen

Die zentralen Merkmale psychischer Störungsbilder von Kindern und Jugendlichen lassen sich wie folgt definitorisch zusammenfassen (KNOKE 2017: 66): Das Kind bzw. der*die Jugendliche

- kann alterstypische Entwicklungsaufgaben nicht altersgemäß angemessen bewältigen
- weicht für einen längeren Zeitraum deutlich im negativen Sinne von relevanten Normen ab (z.B. Einengung der sozialen Bezüge (ASSEN 2016: 125)).
- verursacht Leidensdruck bei sich selbst oder anderen Personen.

Weit überwiegend treffen bzgl. der Mehrzahl der Störungsbilder von Kindern und Jugendlichen diese Merkmale zu, wobei allerdings nur das erste Merkmal hinreichend ist (KNOKE 2017: 66), welches mit umfasst, dass es zu einer Interferenz mit der Entwicklung kommt (ASSEN 2016: 125). Gelegentlich kommt eine Selbst- und/ oder Fremdgefährdung hinzu (KNOKE 2017: 66).

Die Störungsbilder des Kindes- und Jugendalters können Symptome verschiedener Qualität einzeln oder in Kombination zeigen: Neben kognitiven, emotionalen und Verhaltenssymptomen und deren Kombinationen (KNOKE 2017: 66) können auch alle anderen Symptome des psychopathologischen Befundes vorkommen, wobei allerdings psychotische Symptome (Wahn und Halluzinationen) im Kindesalter eher selten sind.

Die psychischen Störungen des Kindes- und Jugendalter selbst können aufgrund ihrer erheblichen Anzahl und Komplexität hier nicht im Einzelnen beschrieben werden. Sie können jedoch, im Sinne eines Überblicks, nach vorherrschenden Symptomen - wobei Kombinationen vorkommen können - grob wie folgt gruppiert werden:

Nr	Störungsbild(er)	ICD-10
1	Intelligenzminderungen, oft auch geistige Behinderung genannt	F7
	Tiefgreifende Entwicklungsstörungen	
2	incl. Autismus-Spektrum-Störungen	F8
3	Tic-Störungen insbesondere auch das Tourette-Syndrom	F95
4	Hyperkinetische Störungen ohne/ mit Störung des Sozialverhaltens	F90
	Bindungsstörungen und Störungen des Sozialverhaltens incl.	F91, F94,
5	aggressiven und oppositionellem Verhalten	F98
	Umschriebene Entwicklungsstörungen (früher sog.	
	Teilleistungsstörungen) bspw. der schulischen oder	F8,
6	motorischen Fähigkeiten, Störungen der Sprache	F98
7	Ausscheidungsstörungen: Enuresis und Enkopresis	F98
	Affektive, emotionale, wie z.b. depressive Störungen, Ängste,	F3, F4,
8	Zwänge Anpassungs- und Belastungsstörungen, auch PTBS	F 93
	Regulationsstörungen wie Schlafstörungen (F51) und Essstörungen	F50,
9	wie bspw. Anorexie, Bulimie, aber auch frühkindliche Essstörungen	F98
10	Störungen der Sexualität	F64 - F66
	Weitere wie bspw. Sucht, Hebephrenie,	F1, F20.1,
11	Dissoziative Störungen, Spielsucht, Suizidalität.	F44, F63

Tabelle 1: Störungsbilder des Kindes- und Jugendalters (Quelle: Eigene Darstellung).

Zu beachten ist, dass die Störungen unter 1. - 4. im Kindesalter beginnen, oft jedoch bis in das Erwachsenenalter persistieren. Dies gilt mit Abstrichen auch für andere Störun-gen u.a. die unter den Punkten 5 und 6 gelisteten sowie Angststörungen (KNOKE 2017: 86). Ausscheidungsstörungen hingegen remittieren häufig; Essstörungen, Störungen der Sexualität, Hebephrenie und Süchte beginnen zumeist erst im Jugendalter.

2. Gemeinsamkeiten und Unterschiede zu Störungen im Erwachsenenalter

Wie die Tabelle 1 am Ende des Vorkapitels zeigt, finden sich die wesentlichen psychischen Störungen des Kindes- und Jugendalters in den Kapiteln F5 und F7 bis F9. Die Kapitel F3 und F4 enthalten die affektiven bzw. neurotischen, Belastungs- und somatoformen Störungen, die sowohl bei Erwachsenen als auch bei Kindern bzw. Jugendlichen diagnostiziert werden (können).

Im Kapitel F1 sind Störungen durch psychotrope Substanzen gelistet, welche zwar weniger typisch (mit Ausnahmen, literarisch bekannt ist Christiane F.) für Kinder sind, durchaus aber bei Jugendlichen häufiger vorkommen sowie natürlich bei Erwachsenen.

Hingegen kommen die im Kapitel F0, F2 und F6 gelisteten Störungen bei Kindern und Jugendlichen deutlich seltener vor als bei Erwachsenen (mit Ausnahmen wie bspw. die hebephrene Schizophrenie (F20.1) oder Störung der Geschlechtsidentität im Kindesalter (F64.2)) oder werden selten diagnostiziert (bspw. Persönlichkeitsstörungen, F6).

2.1. Gemeinsamkeiten psychischer Störungen des Erwachsenenalters und des Kindes- und Jugendalters

Zentrale Gemeinsamkeiten der Störungen im Erwachsenenalter mit psychischen Störungen im Kindes- und Jugendalter sollen vorab kurz tabellarisch dargestellt sein:

Störungen	Kinder, Jugendliche und Erwachsene
Ätiopathogenese	Genetische, organische, soziale und psychologische Faktoren können zur Verursachung beitragen und die Verläufe mit bestimmen
Symptome	Grundsätzlich können alle Symptome des psychopathologischen Befundes in jeder der Altersgruppen auftreten
Therapie	Prinzipiell stehen psychotherapeutische Methoden und Psychopharmaka für jede Altersgruppe zur Verfügung.

Tabelle 2: Gemeinsamkeiten psychischer Störungen verschiedener Altersgruppen (Quelle: eigene Darstellung)

Ätiopathogenese: Für jede Altersgruppe gilt, dass genetische, organische, soziale und psychologische Faktoren zur Verursachung beitragen und die Verläufe mit bestimmen können. Regelmäßig liegt eine multifaktorielle Verursachung zugrunde. Hierzu bietet das Vulnerabilitätsmodell (s.o.) einen guten Überblick.

Symptome: In jeder Altersgruppe sind grundsätzlich ähnliche Symptome möglich und alle Symptome des psychopathologischen Befundes können prinzipiell in jeder der Altersgruppen auftreten. Allerdings ist die Auftretenswahrscheinlichkeit gewisser Symptome und Störungen nicht in allen Altersgruppen stets gleich hoch. Vielmehr werden im Rahmen epidemiologischer Betrachtungen verschiedener Störungen unterschiedliche Erkrankungsgipfel skizziert.

Therapie: Prinzipiell stehen sowohl Psychopharmaka als auch psychotherapeutische Methoden für jede Altersgruppe zur Verfügung. Jede Altersgruppe kann bspw. prinzipiell von einer Verhaltenstherapie profitieren. Allerdings werden nicht in jeder Altersgruppe dieselben Therapieansätze und -methoden bevorzugt.

2.2 Unterschiede zu psychischen Störungen des Erwachsenenalters

Auch die zentralen Unterschiede alterstypischer psychischer Störungen sollen einleitend kurz tabellarisch dargestellt sein:

Störung	Kinder und Jugendliche	Erwachsene
Ätiopathogenese	Entscheidende Rolle des Systems "Herkunftsfamilie"	Aktuelle Probleme, Bezüge und Belastungen sind oft von hoher Bedeutung
Symptome	Selten psychotische Symptome, dafür alterstypische Symptome wie bspw. Dunkelangst oder Enuresis	Psychosen zählen zu den wichtigsten behandlungsbedürftigen Störungen
Verlauf	Wird häufig optimistisch eingeschätzt, Spontanheilungen sind vergleichsweise häufig	Verläufe sind häufig episodisch bzw. von Rezidiven oder Residuen oder Generalisierungen und/ oder Chronifizierungen gekennzeichnet
Prognose	Insbesondere mit Therapie häufig günstig	Abhängig von der Diagnose im Vergleich tendenziell weniger günstig
Therapie	Spieltherapie, systemische Familientherapie, pädagogische "Schulung" sowie Therapie für die Eltern neben anderen wirksam, wenig Einsatz von Psychopharmaka	Spieltherapie unüblich, Arbeit mit der Herkunftsfamilie begrenzt, bspw. im Rahmen von Biographiearbeit, Einsatz von Psychopharmaka üblich
Auswirkungen	Insbesondere Frühstörungen können bzgl. der weiteren anstehenden Entwicklungsaufgaben kritische Auswirkungen haben, dafür häufig relativ hohe Akzeptanz in den sozialen Systemen.	Bei "gesunden" Entwicklungsfundament sind bereits viele Entwicklungsaufgaben bewältigt, dafür stoßen Störungen häufig auf wenig Verständnis bzw. Akzeptanz in den sozialen Systemen.

Tabelle 3: Unterschiede psychischer Störungen verschiedener Altersgruppen (Quelle: eigene Darstellung)

Ätiopathogenese: Zunächst haben Störungen im Kindes- und Jugendalter häufiger als Störungen im Erwachsenenalter ihre mitentscheidenden Ursachen im System der Herkunftsfamilie. Kinder gelten häufig als Symptomträger "erkrankter Familien". Kinder mit zwei erziehungskompetenten, sich einigen und gesunden Elternteilen weisen hinge-gen selten psychische Störungen auf, es sei denn, diese sind entscheidend organisch oder genetisch (mit)verursacht. Bei Erwachsenen hingegen sind aktuelle Probleme, Bezüge und Belastungen oft von hoher Bedeutung im Rahmen der Ätiopathogenese.

Betreffend die **Symptomatik** gilt, dass bestimmte Störungen stark altersabhängig sind: So kommen, wie oben bereits angedeutet, bspw. Demenzen (Ausnahme: Dementia infantilis F84.3), Delire und amnestische Syndrome ebenso wie Psychosen wie die manisch-depressive Erkrankung oder Schizophrenie kaum bei Kindern vor. Suchtgeschehnisse sind weniger bei Kindern, durchaus jedoch bei Jugendlichen anzutreffen. Andererseits gibt es andere alterstypische Störungen wie bspw. die phobischen Störungen des Kindesalters (F93.1) wie bspw. Dunkelangst oder Angst vor Tieren. Auch die Fremdenangst (F93.3: Störung mit sozialer Ängstlichkeit des Kindesalters) bezieht sich auf das Kindesalter. Dazu kommen die Ausscheidungs-störungen Enkopresis (F98.1) und Enuresis (F98.0), welche als alterstypische Störungen gelten, denn sie sind im Erwachsenenalter recht selten im Vergleich zur Kindheit (KNÖLKER et al 2003: 342-346).

Verlauf: Grundsätzlich werden viele Störungsbilder des Kindes- und Jugendalters wie bspw. Ausscheidungsstörungen, kindliche Ängste oder einfache Tic-Störungen häufiger für reversibel gehalten und/ oder es können Strategien erlernt werden, mit diesen einen Umgang zu finden. Letzteres erfordert allerdings i.d.R. eine Therapie, welche dann eben auch die Wahrscheinlichkeit von Rezidiven oder gar Chronofizierungen vermindert (protektiver Faktor). Darüber hinaus treten gelegentlich Spontanheilungen auf, insgesamt werden Verläufe häufig positiver eingeschätzt.

Störungsverläufe im Erwachsenenalter hingegen sind häufig episodisch bzw. von Rezidiven geprägt wie z.b. rezidivierende depressive Störungen (F33). Auch Residualzustände kommen vor wie z.b. bei der Schizophrenie (F20.5). Eine andere Variante sind Generalisierungen die insbesondere bei Angststörungen häufig sind (F40, F41). Chronifizierungen bezeichnen dauerhafte und häufig progrediente Verläufe die bei den meisten Formen der Demenz (F00-F03), aber bspw. auch bei den Formen der Schizophrenie (F20) vorkommen (können). Auch Persönlichkeitsstörungen (F6) gelten als chronische Störungsbilder.

Prognostisch bestehen bei den meisten Störungen des Kindes- und Jugendalters gute Aussichten, wenn zeitgerecht eine angemessene Therapie stattfindet. Für Beispiele sei auf den vorangegangenen Absatz "Verläufe" verwiesen. Hiervon gibt es jedoch Ausnahmen, welche insbesondere die Intelligenzminderungen (F7), die tiefgreifenden Entwicklungsstörungen (F8), das Tourette-Syndrom, nicht jedoch einfache Tic-Störungen (alle in F95) betreffen. Auch die Anorexie (F50) hat eine vergleichsweise schlechte Prognose: Neben Rezidiven sind Todesfälle nicht selten. Von den hyperkinetischen Störungen (F90) wurde lange angenommen, sie würden in der Regel bis zum Erwachsenenalter remittieren, neuerdings geht man von einer Persistenz in etwa 50% der Fälle aus (PHILIPSEN & DÖPFNER 2020: 910; CLAUS et al. 2008: 16). Im Erwachsenenalter auftretende Störungen sind hingegen abhängig von der Diagnose tendenziell weniger günstig einzuschätzen, oft trotz Therapie.

Therapeutisch sprechen Kinder häufiger als Erwachsene auf Spieltherapie an, dafür auf verbal gestützte Therapie weniger, insbesondere wenn es sich um sehr junge Klient*innen handelt. Kinder und Jugendliche profitieren von der Unterstützung und pädagogischen Unterweisung sowie Psychoedukation ihrer Eltern bspw. durch eine sozialpädagogische Familienhilfe oder ein Elterncoaching bzw. ggfs. auch von einer Therapie der Eltern (Maßnahmen, welche aus diesem Grund nicht selten einem oder beiden Elternteilen auch gerichtlich auferlegt werden). Familientherapie und systemische Ansätze werden bei Kindern und Jugendlichen ebenfalls häufig eingesetzt. Man könnte verkürzt resümieren, dass ohne eine - wie auch immer geartete - Mitbehandlung der Eltern, eine Therapie überwiegend wenig sinnvoll ist. Das gilt auch im Zuge der ambulanten und stationären sozialpädagogischen Kinder- und Jugendhilfe.

Bei Erwachsenen ist Spieltherapie selten und die Arbeit mit der Herkunftsfamilie meist begrenzter. Sie findet bspw. statt als Biographiearbeit oder im Zuge systemischer Aufstellungsarbeit. Bei Erwachsenen kommen hingegen oft Psychopharmaka zum Einsatz, gegenüber Kindern ist man hier zurückhaltender, wohl auch um die Reifung nicht zu gefährden. Auch tiefenpsychologisch fundierte Verfahren wie etwa die Psychoanalyse kommen bei Erwachsenen eher zum Einsatz, bei Kindern ist dies seltener, wenn man von tiefenpsychologisch fundierter Spieltherapie absieht. Kinder zeigen sich in der Therapie häufig offener, suggestibler, flexibler und kooperativer als Erwachsene, welche andererseits wiederum regelmäßig mehr Lebenserfahrung und eine bessere Verbalisierungsfähigkeit einbringen.

Auswirkungen: Während viele Störungen (mit Therapie) remittieren (s.o.), können u.a. Frühstörungen, d.h. Störungsbilder, welche bereits frühkindlich im Alter von 0-3 Jahren verursacht sind, bzgl. der weiter anstehenden Entwicklungsaufgaben potentiell kritische Auswirkungen haben, wenn keine adäquate und relativ zügige Behandlung und Bewältigung stattfinden kann. Dafür besteht häufig eine relativ hohe Akzeptanz früher Störungsbilder in den sozialen Systemen. Sowohl Kindergärtner*innen als auch im Bereich der Kinder- und Jugendhilfe Tätige und Schulsozialarbeiter*innen zeigen häufig viel Verständnis und engagiertes Bemühen um sozialpädagogische Hilfe für betroffene Kinder und deren Eltern. Für Erwachsene hingegen gilt, dass bei einem bereits vorhandenen "gesunden" Entwicklungsfundament schon viele Entwicklungsaufgaben bewältigt sind und ein recht stabiles Selbst besteht. D.h., dass insbesondere bei neurotischen- und Belastungsstörungen i.d.R. die soziale und berufliche Funktionstüchtigkeit aufrechterhalten werden kann. Das gilt jedoch nicht für psychotische Störungen wie bspw. Schizophrenie (F20) und manisch-depressive Störungen (F3). Insgesamt stoßen Störungen im Erwachsenenalter jedoch häufig auf wenig Verständnis bzw. Akzeptanz in den sozialen Systemen. Während über körperliche Krankheiten oft recht offen gesprochen wird, trifft dies auf psychische Störungen weniger zu, sie werden oft verheimlicht. Die Therapieplätze sind begrenzt und lange Wartezeiten üblich. Hinzu kommt, dass Personen, die wegen einer psychischen Störung in fachlicher Behandlung waren, seltener verbeamtet werden oder länger auf die Verbeamtung warten, als solche die solche Behandlung nicht in Anspruch genommen haben. Außerdem nehmen private Kranken-, Pflege-, Unfall-, Lebens-, Berufsunfähigkeitsversicherungen betroffene Menschen oft nicht oder nur zögerlich und dann mit Risikozuschlägen und/ oder Risikoausschlüssen auf.

3. Therapiemöglichkeiten im Kindes- und Jugendalter

Grundsätzlich bestehen **pharmakologische Therapiemöglichkeiten** auch im Kindes- und Jugendalter. Diese werden aber nur zurückhaltend eingesetzt, wohl auch um die Reifung nicht zu gefährden. Im Übrigen wird Pharmakotherapie weit überwiegend im Rahmen eines multimodalen Therapiesettings eingesetzt, bspw. bei hyperkinetischen Störungen (F90). D.h. andere Möglichkeiten der Hilfe werden damit kombiniert oder (zumeist) der Pharmakotherapie vorgezogen. Diese anderen Ansätze seien im Folgenden kurz umrissen:

3.1 Niedrigschwellige Therapien, Beratung und Förderung

Neben der ärztlichen **Beratung** kann auch eine Beratung bei Familien-, Sucht- und psychosozialen Beratungsstellen eingeholt werden. Sie bieten oft eine gewisse Aufklärung, Kurzberatungen (etwa 5 Sitzungen) und Psychoedukation sowie Hinweise, wo und welche weiteren Hilfen verfügbar sind. Beratungsstellen eignen sich gut für leichtere Probleme wie elterlichen Erziehungsunsicherheiten und es bestehen häufig noch keine Diagnosen. Bei dauerhaften Problemen verweisen sie i.d.R. weiter.

Niedrigschwellige Therapien wie Ergotherapie, Logopädie, Physiotherapie, Motopädie und heilpädagogische (Früh-)Förderung sowie tiergestützte Pädagogik/ Therapie erfreuen sich häufig einer guten Compliance der Kinder und deren Eltern. Sie bieten Entwicklungsförderung in unterschiedlichen Bereichen bspw. der Wahrnehmung und bei umschriebenen Entwicklungsstörungen der Sprache und der Motorik (F8) oder auch bei Ängstlichkeit. Häufig ist ebenfalls eine Elternberatung vorgesehen und es bestehen fachlich fundierte Erfahrungen, wo und welche weiteren Hilfen verfügbar sind.

Schulbezogene Förderung steht zur Verfügung insbesondere für Kinder mit Intelligenzminderungen (F7) und umschriebenen Entwicklungsstörungen schulischer Fertigkeiten (F82). Hier geht es um Fragen der sonderpädagogischen Förderdiagnostik, der Schulform, des Nachteilsausgleichs bspw. bei Asperger-Autismus (F84.5), der gezielten Förderung bspw. bei Legasthenie (F81), der Schulbegleitung für das Kind bspw. bei Störungen des Sozialverhaltens (F91), aber auch der klinikinternen Beschulung sowie der Wiedereingliederung in das Schulsystem nach einem Klinikaufenthalt .

Sozialpädagogische Hilfen wie etwa sozialpädagogische Familienhilfe, ambulante und stationäre Kinder- und Jugendhilfemaßnahmen und andere Hilfen zur Erziehung können jugendamtsfinanziert bezogen werden. Nicht selten sind im Kontext Schule Auffälligkeiten offenkundig geworden wie etwa Störungen des Sozialverhaltens (F91). Daher wurde das Jugendamt eingeschaltet. Häufig werden daher die initiierten Hilfen jedoch eher als "Überprüfung" erlebt und daher offen oder verdeckt abgelehnt oder ambivalent erlebt. Andere Familien fühlen sich aber durch diese Hilfen durchaus effektiv unterstützt.

3.2 Psychotherapeutische Ansätze

Die klientenzentrierte Gesprächstherapie bietet für alle anderen Therapieformen eine Art grundlegenden, integrierenden Ansatz. Die diesbezügliche Haltung und Ausrichtung eignet sich sowohl für die Arbeit mit Kindern und Jugendlichen als auch für die Arbeit mit Eltern und Angehörigen. Klientenzentrierte Therapeut*innen nehmen grundsätzlich eine nicht-urteilende und wertschätzende Haltung ein, welche sie ausdrücklich nicht an Vorbedingungen knüpfen. Sie bemühen sich um präzises einfühlendes Verstehen (Empathie) für die innere und äußere

Welt der Klient*innen, sie versuchen diese mit deren Augen zu sehen. Dabei begegnen sie den Klient*innen echt und ohne (professionelle) Fassade, sie sind als Mensch zugegen, sie sind kongruent. Dadurch entstehen Vertrauen, eine Art geschützter Rahmen und die therapeutische Beziehung. Diese wird als eine entscheidende Wirkvariable angesehen, u.a. weil sie dem Klienten die Möglichkeit gibt, sich sicherer und geschützter zu fühlen. Dadurch wiederum wagt er es zunehmend, sich selbst zu explorieren. Das bedeutet schließlich, sich und seine Gefühle, Wünsche, Bedürfnisse, Gedanken und Handlungen schließlich stimmiger und zutreffender wahrzunehmen. Nachfolgend kann es ihm zunehmend gelingen, sein zukünftiges Verhalten stimmiger auf sein inneres Erleben und auf die äußeren Kontexte abzustimmen und dadurch konfliktärmer leben. Ein wichtiges Prinzip ist auch die Ganzheitlichkeit, daher interessiert auch die Lebenswelt des Klienten als Ganzes und zwar insbesondere aus dessen Perspektive.

Während sich die Variante der klientenzentrierten Spieltherapie (s.u.) eher für Kinder eignet, wird die klientenzentrierte Gesprächstherapie für viele Probleme und Krisen im Jugendalter und für die Arbeit mit den Eltern eingesetzt.

Eine Spieltherapie für das Kind wird oft klientenzentriert fundiert sein. Die Therapeut*innen bieten auch hier einen geschützten Rahmen, welcher von Empathie, Wertschätzung und Raumgebung für das Kind mit seinen Gefühlen und Bedürfnissen geprägt ist. Im Spiel stellt das Kind seine innere und äußere Welt dar, welche dann wiederum empathisch wahrgenommen und gewürdigt wird. Klientenzentrierte Therapeut*innen unterstützen das Kind durch ihre Haltung, die empathisch, wertschätzend, nicht urteilend und weitgehend freundlich-permissiv ist. Auch hier entsteht dann eine therapeutische Beziehung, welche das Kind als (eine gefühlt sichere) Möglichkeit für Selbstexploration und Selbstentwicklung nutzen kann.

Eine Spieltherapie wird oft auch tiefenpsychologische oder auch verhaltensthera-peutische Elemente und Akzentuierungen aufweisen. Das bedeutet, dass das Ausmaß der Interpretation oder des Mitagierens und/ oder das Ausmaß an Direktivität, Einflussnahme und Lenkung erhöht sein können. Die Spieltherapie kann durch ihre verschiedenen therapeutischen Akzentuierungen breit eingesetzt werden bspw. bei Kindern mit emotionalen Störungen (F93).

Familientherapie und systemische Verfahren bilden häufig einen wesentlichen Bestandteil der Hilfe für betroffene Kinder. Die Grundsätze der klientenzentrierten Gesprächstherapie (s.o.) gelten auch hier. Darüber hinaus arbeitet man gezielt mit dem System und versucht bspw. unglückliche (zirkuläre) Kommunikationsmuster oder Koalitionen innerhalb einer Familie aufzulösen. Techniken wie zirkuläres Fragen, Reframing, Kontextsteuerung oder

Hypothesenarbeit werden eingesetzt. Insbesondere zählt auch eine hohe Ressourcenorientierung zu den Grundprinzipien. Ressourcen können bspw. durch Ausnahmefragen, Fragen nach Erfolgen, Skalierungsfragen, Bewältigungsfragen und andere Techniken wie Ressourcenbarometer oder Lebenspanorama in den Blickpunkt gerückt und aktiviert werden. Mit Hausaufgaben werden in der Therapie erarbeitete und für nützlich befundene Inhalte in die alltagspraktische Lebenswelt der Familie transferiert. Änderungen können dabei bei jedem Mitglied des Systems, welches bereit ist einen Beitrag zu leisten, eingeführt werden. Häufig beginnt die Person, die am einfachsten eine Veränderung umzusetzen vermag. Alle anderen werden dann wegen des bekannten Mobile-Prinzips auch in Bewegung kommen (bewegt man einen Teil, dann bewegen sich alle) und das System kann sich reorganisieren.

Therapie, Beratung, Psychoedukation für die Eltern ist fast immer wünschenswert, da die Eltern regelmäßig an der Entstehung und/ oder Aufrechterhaltung der Störung ihres Kindes maßgeblich beteiligt sind.

> "Wichtig ist, sich immer vor Augen zu halten, dass das, was das Kind oder der Jugendliche zeigt, immer auch ein Ergebnis von (Nicht-)Beziehungsprozessen ist." (Franck 2019: 169)

Andererseits können Eltern durchaus auch unterstützende, ja sogar co-therapeutische Funktionen für ihr Kind bieten, welche es auszubauen gilt. Oft wissen Eltern aber nicht, wie sie ihr Kind unterstützen können, was aber erlernbar ist. Sozialpädagogische Hilfen, aber auch die meisten therapeutischen Settings sehen daher meist auch den Aspekt der Elternarbeit vor. Darüber hinaus bedürfen Eltern mit eigenen psychischen Störungen (Stichwort: Kinder psychisch kranker Eltern) einer eigenen Therapie u.a. auch um die Auswirkungen ihrer eigenen Störung auf das Kind zu minimieren.

Die Verhaltenstherapie ist einer der universellen Ansätze in der Therapie von Kindern, Jugendlichen und Erwachsenen. Sie bietet z.B. wirksame Konzepte bei der Behandlung von Angststörungen und Depressionen, aber auch bei anderen Störungen wie bspw. Ausscheidungsstörungen. Sehr oft ist der Einsatz von operanten Verfahren wie bspw. Verstärkersystemen (token-system, Punktesysteme) ein Baustein der Therapie. Bei Angststörungen können neben Systematischer Desensibilisierung bspw. auch Konfrontationsverfahren und Modelllernen eingesetzt werden. Bei sozialen Ängsten bietet sich nicht selten ein soziales Kompetenztraining an, welches regelmäßig in Teilen auch im Rahmen von gruppentherapeutischen Sitzungen durchgeführt wird. Ergänzt wird die moderne Verhaltenstherapie nicht nur durch kognitive Verfahren, sondern auch durch Biofeedback und Neurofeedback (ENRIQUEZ-GEPPERT 2019: 187-189).

Anzumerken bleibt, dass die skizzierten Ansätze nicht nur ambulant (bspw. von Kinder- und Jugendlichenpsychotherapeut*innen und Facharzt*innen für Kinder- und Jugendpsychiatrie und -psychotherapie) angeboten werden, sondern auch Tageskliniken und kinder- und jugendpsychiatrische Stationen als teil- sowie vollstationäre Angebote vorhanden sind. Außerdem werden manche der obigen Ansätze auch als Gruppen-therapie durchgeführt und zwar insbesondere auch in teil- und vollstationären Settings.

4. Konzept "Therapie in der Pandemie"

4.1 Problemstellung und Ziele

Wie im vorangegangen Kapitel skizziert, stehen grundsätzlich genügend fachlich qualifizierte Konzepte zur therapeutischen Begleitung von Kindern und Jugendlichen sowie deren Familien zur Verfügung. Es stellt sich jedoch die Frage nach deren kurzfristiger Verfügbarkeit, gerade angesichts der besonderen Belastungen durch die Pandemie. Die Bundes Psychotherapeuten Kammer (BPtK) referiert in ihrer Studie zu den Wartezeiten (BPtK 2018) ernüchternde Zahlen. Allein auf ein Erstgespräch, welches oft kaum mehr als 30min dauern dürfte, warten Patient*innen durchschnittlich 5,7 Wochen bei einer Standardabweichung von 7,6 Wochen (BPtK 2018: 5), d.h. drei Monate Wartezeit lediglich auf ein Erstgespräch sind hierzulande keine Seltenheit. Bis dann eine vollwertige Therapie aufgenommen werden kann vergehen durchschnittlich 19,9 Wochen gerechnet ab Anfrage bei einer Standardabweichung von 13,5 Wochen (BPtK 2018: 15), d.h. ein Therapiebeginn erst nach gut sieben Monaten ist nicht Besonderes. Ähnliches hat die STIFTUNG WARENTEST (test.de) festgestellt:

> "auf reguläre Psychotherapien müssen viele Patienten immer noch monatelang warten. ... Medienberichte über wochenlange, gar monatelange Wartezeiten bei Psycho-therapeuten häuften sich in der Vergangenheit. ... Patienten müssen auch nach der Reform zum Teil Wochen bis Monate auf eine Psychotherapie warten. Einige Versicherte gingen gar nicht erst zu einem Psychotherapeuten, wenn dieser dann keinen Behandlungsplatz frei habe. (STIFTUNG WARENTEST 2020)

24

Nun ist zu bedenken, dass diese Wartezeiten bei pandemiebedingt höheren Bedarf noch steigen dürften, was nicht vertretbar erscheint, denn:

> "Mit der Wartezeit steigt aber auch das Risiko, dass sich psychische Krankheiten verschlimmern, verlängern oder immer wiederkehren (rezidivierender Verlauf). (BPtK 2018: 14)

Gleichzeitig ist bekannt, dass der Therapiebedarf bereits grundsätzlich steigt, nämlich von 2011 bis 2017 von 1,1 Millionen psychotherapeutisch versorgten Patient*innen auf 1,4 Millionen (BPtK 2018: 21). Tendenziell ähnlich referiert die STIFTUNG WAREN-TEST (2020) 1,65 Millionen psychotherapeutisch versorgte Patient*innen in 2015.

Andererseits hat die entwicklungspsychologische- und die Therapieforschung ihre Pflicht und Schuldigkeit getan: Es gibt ausgewiesene und in ihrer Wirksamkeit belegte Konzepte der Therapie, Hilfe und Unterstützung, wie oben zusammenfassend dargelegt.

Wie herausgearbeitet wurde, kann es oft nicht um die Abwendung etwaiger Konflikte, Krisen und Entwicklungsaufgaben gehen. Vielmehr geht es, wie oben ausgeführt, um die Bewältigung derselben und somit um die Aktivierung von Ressourcen (PETZOLD & MÜLLER 2004: 190-193). Hierzu wird es in vielen Fällen der (vorübergehenden) fachlichen Unterstützung bedürfen. Diese fachliche Unterstützung entscheidet als institutionaler und personaler protektiver Faktor oft über ein Meistern der Krise, also einen Erfolg oder Misserfolg, über inneres Wachstum oder Selbstzweifel, über die Ausbildung eines Selbstwirksamkeitsgefühls und eines Gefühls von Bewältigungskompetenz oder geringe Kompetenzerwartungen (PETZOLD & MÜLLER 2004: 193), sowie über die Erhöhung des Kohärenzgefühls oder dessen Schwächung, wie oben dargelegt. Wartezeiten hingegen provozieren kritische Verläufe (s.o.). Oft genug bildet eine Therapie hier also die entscheidende intervenierende Variable im Sinne fachlicher und sozialer Unterstützung. Soziale Unterstützung wiederum kann zu erfolgreichem Coping und Spannungsmanagement beitragen (WITTCHEN & HOYER 2011: 294, TESMER 1998: 152-154, COMER 1995: 236; TRAGESER 2010: 92-96). Obwohl dies bekannt ist, stellt die konkrete Verfügbarkeit adäquater fachlicher sozialer Unterstützung nicht zufrieden. Abzulesen ist diese u.a. an den zu langen Wartezeiten bspw. für ambulante Behandlungen bei Kinder- und Jugendlichenpsychotherapeut*innen (BPtK 2018: 15).

Hinzu kommt nun die immense zusätzliche hochaktuelle Belastung der Familien durch die pandemiebedingten Ängste, Einschränkungen, Isolierungen, Einschnitte und Verluste mit daraus resultierend hohem Stress, welcher wiederum diverse Anpassungserfordernisse auslöst.

Nicht jede Familie verfügt über solcherlei breit angelegte adaptive Fähigkeiten und einen entsprechenden "Überschuss" an Ressourcen bzw. protektiven Faktoren. Die derzeitigen Umstände sind daher potentiell depressiogen, angstauslösend, ja möglicherweise sogar traumatisierend, auf jeden Fall im Sinne des Vulnerabilitätsmodells (s. Kap. 1) ein ernstzunehmender Risikofaktor bzw. Auslösefaktor. Bzgl. der Pandemie stellt die WHO ganz ähnlich fest:

"Was die psychische Gesundheit der Bevölkerung angeht, sind erhöhte Raten an Stress oder Ängsten derzeit die vorwiegende psychologische Auswirkung. Doch mit der Einführung neuer Maßnahmen und den damit einhergehenden Auswirkungen - insbesondere Quarantäne und ihre Folgen für gewohnte Tätig-keiten, Routinen oder Lebensgrundlagen der Menschen - ist auch mit zunehmen-den Raten an Einsamkeit, Depressionen, schädlichem Alkohol- und Drogen-konsum sowie selbstschädigendem oder suizidalem Verhalten zu rechnen." (WELTGESUNDHEITSORGANISATION Regionalbüro für Europa, 2020)

Bei Kindern, Jugendlichen und Familien, die sich bereits vor der Pandemie quasi an der Vulnerabilitätsschwelle befanden, dürften nicht selten der pandemiebedingte Stress und die mitmenschliche Isolierung "das Fass zum Überlaufen bringen" (s. Kap. 1).

Schon länger zeigen sich die Auswirkungen der Sparbestrebungen der Krankenkassen bzgl. psychotherapeutischer Versorgung (BPtK 2018: 33) klar: Monatelange Wartezeiten sind für psychisch kranke Menschen seit über zwölf Jahren der traurige, schon lange nicht mehr hinnehmbare Normalfall (BPtK 2018: 33; STIFTUNG WARENTEST 2020). Schlimmer erscheint indes, dass das System daher auch für den plötzlichen pandemiebedingten Mehrbedarf an Psychotherapie nicht gerüstet erscheint. Zieht man in Betracht, dass Psychotherapie keine großzügige Schenkung, sondern eine Versicherungsleistung ist, muss die Frage erlaubt sein, ob unser Gesundheitssystem hier seinem Auftrag gerecht wird.

Ein gesteigerter Bedarf ist also schon länger vorhanden, die (jungen) Patient*innen werden nicht zeitgerecht versorgt (BPtK 2018: 15; STIFTUNG WARENTEST 2020). Psychische Störungen des Kindes- und Jugendalters haben oft eine günstige Prognose, aber zumeist nur, wenn zeitnah eine adäquate Therapie, welche auch angemessen die Eltern mit berücksichtigt, zeitnah verfügbar ist. Da der Erfolg einer Therapie also regelmäßig auch mit deren zügigen Beginn zusammenhängt, damit wiederum, dass die jungen Patient*innen die zunehmend sich aufstauend kumulierenden weiteren Entwicklungsaufgaben auch angehen können, bestimmt unser Gesundheitssystem bislang mittels der Nicht-Verfügbarkeit von Therapie Krankheitsverläufe in negativer Weise mit. Und diese zu spät oder unbehandelten Kinder und Jugendlichen werden die zukünftige (arbeitende) Bevölkerung dieser Republik darstellen.

Darüber hinaus sind insgesamt auch psychische Nachwirkungen, Langzeit- und Spätfolgen der Pandemie nicht auszuschließen, für die das Gesundheitssystem ebenfalls noch nicht gerüstet erscheint. Die Hypothek, welche diese Gesellschaft aufzunehmen im Begriff ist, wird also einen gewissen Umfang annehmen. Sie wird später zurück zu zahlen sein.

Ziele: Falls angenommen wird, bzgl. der aktuellen Pandemie nicht mehr viel ausrichten zu können, wird hier das Gegenteil zu zeigen sein. Unsere Gesellschaft sollte sich kurz- wie langfristig hinsichtlich folgender (Gesundheitsversorgungs-)Ziele rüsten:

1. Ausreichende Therapiemöglichkeiten für Kinder- und Jugendliche in passgenauen Settings (ambulant, teilstationär, stationär, Einzel-, Familien- und Gruppensettings)
2. Schaffung von Beratungsangeboten zur psychosozialen- und Familienberatung sowie zur Vermittlung und Nutzung von Systemressourcen (finanzielle Hilfen, familienentlastende Dienste, zusätzliche Hilfen u.ä.)
3. Schaffung einer flächendeckenden und zeitnahen Verfügbarkeit von Kinder- und Jugendlichenpsychotherapeut*innen mit unterschiedlichen Spezialisierungen wie bspw. Systemische Therapie oder Traumatherapie
4. Schaffung ausreichender psychologisch fundierter Unterstützungsmöglichkeiten für Eltern, u.a. hinsichtlich Beratung, Psychoedukation und eigener Therapie.

Die WHO empfiehlt den Bürgern nämlich angesichts der Pandemie:

"If you feel overwhelmed, talk to a health worker or counsellor. Have a plan, where to go to and how to seek help for physical and mental health needs ... ." (WELTGESUNDHEITSORGANISATION Regionalbüro für Europa 2020)

4.2 Maßnahmen zur Zielerreichung

Da stationäre Aufenthalte in Fachkliniken erhebliche Eingriffe in das Leben von Kindern und Jugendlichen sowie deren Familien darstellen, gilt im Rahmen dieser Arbeit weitgehend der Grundsatz "ambulant vor stationär". Darüber hinaus dürfte es aus rein baulichen Gründen schwierig sein, schnell zusätzliche stationäre Angebote zu schaffen: Zusätzliche geeignete

Gebäude dürften rar sein und müssten daher zumeist nicht nur erbaut, sondern auch entsprechend ausgestattet werden. Dies großflächig zu planen und umzusetzen bedürfte einer eigenen Expertise und soll hier daher ausgeklammert werden. Allerdings darf man erwarten, dass eine Erweiterung ambulanter Möglichkeiten potentiell eskalierende Störungsverläufe frühzeitig(er) abfangen könnte. Auf diese und andere Weise, wie bspw. erweiterte Möglichkeiten ambulant-therapeutischer Nachsorge, dürften auch die (teil)stationären Angebote entlastet werden und schließlich könnten sich über diese indirekten Effekte Wartezeiten dort ebenfalls verkürzen. Im Rahmen dieser Arbeit wird sich demnach u.a. aus Gründen der zügigeren Umsetzbarkeit auf ambulante Angebote zu beschränken sein. Außerdem ist ein ambulantes Vorgehen niedrigschwelliger, wird dadurch eher in Anspruch genommen und "stört" im allgemeinen familiäre Systeme weniger als (teil)stationäre Interventionen. Folgende Inhalte können diesbezüglich, unter besonderer Berücksichtigung psychotherapeutischer Bedarfe Minderjähriger, kurz- bis mittelfristig angeschoben werden:

Nr	Psychologisch fundierte Maßnahme	Zeit-rahmen
1	Erhöhung der Dichte der Praxisstandorte für Kinder- und Jugendlichen-psychotherapeut*innen und psychologischen Psychotherapeut*innen	Mittel-fristig
2	Schaffung von weiteren Studienplätzen für Kinder- und Jugendlichen-psychotherapeut*innen und psychologischen Psychotherapeut*innen	Mittel-fristig
3	Kostenerstattung der Krankenkassen für Psychotherapeut*innen ohne Kassenzulassung und Heilpraktiker*innen für Psychotherapie	Kurz-fristig
4	Ausbau von Familien- und psychosozialen Beratungsstellen unter Nutzung vorhandener personeller und räumlicher Ressourcen	kurz-fristig
5	Ausgabe von Beratungsgutscheinen auch zur Einlösung bei niedergelassenen Heilpraktiker*innen für Psychotherapie	Kurz-fristig
6	Online-(webinar)-Kurs zur Qualifikation in systemischer Beratung mit ressourcen- und lösungsorientierter- kurztherapeutischer Ausrichtung.	Mittel-fristig

Tabelle 4: Psychologisch fundierte Maßnahmen (Quelle: Eigene Darstellung).

Im Einzelnen:

Zu 1: Die Erhöhung der Dichte der Praxisstandorte für Psychotherapeut*innen (Kinder- und Jugendlichenpsychotherapeut*innen und psychologischen Psychotherapeut*innen sowie ggfs. Fachärzt*innen für Kinder- und Jugendpsychiatrie und Psychotherapie) ist der zunächst naheliegende Schritt um Wartezeiten zu verkürzen (BPtK 2018: 32). So können Menschen, die über die entsprechende Ausbildung bereits verfügen, sich auch niederlassen. Mancher Kolleg*in teilt sich auch eine Niederlassung mit eine*r anderen, eine Aufstockung des Niederlassungssitzes von 2x0,5 Stellen auf 2x0,75 oder sogar 2x1 Stelle würde sofort zusätzliche Therapieplätze bedeuten. Auch für psychologischen Psychotherapeut*innen sollte die Anzahl der Niederlassungen erhöht werden, denn nicht nur die Kinder belasteter oder sogar psychisch kranker Eltern, auch die Eltern selbst bedürfen oft genug der Therapie (und haben ebenso immense Wartezeiten in Kauf zu nehmen). Im Übrigen kann eine erhöhte Anzahl von Praxisstandorten die Motivation Studierender steigern, ein Studium bzw. eine Fachausbildung in diese Richtung zu wählen. Dieser Punkt ist damit fast eine Voraussetzung für den nächsten:

Zu 2: Die zügige Schaffung von weiteren Studienplätzen Psychotherapeut*innen ist der entscheidende Punkt bzgl. der Nachhaltigkeit der hier vorgeschlagenen Maßnahmen. Die dementsprechenden fachärztlichen Ausbildungen sind analog zu berücksichtigen. Erst die ausreichende Verfügbarkeit entsprechenden Fachpersonals sichert die praktische Versorgung. Dieses wird sich jedoch ad hoc nicht realisieren lassen, was mit der folgenden Maßnahme gelöst werden könnte:

Zu 3: Eine Erleichterung der Abrechnungsmöglichkeiten mit den Krankenkassen (sog. Kostenerstattungsverfahren) sollte für Psychotherapeut*innen ohne Kassensitz (Privatpraxen) und Heilpraktiker*innen für Psychotherapie geschaffen werden. Grundsätzlich besitzen auch Heilpraktiker*innen für Psychotherapie bereits eine Heilerlaubnis nach dem Heilpraktikergesetz. Oft sind sie bereits in eigener Praxis auf Privatrechnung tätig, die Abrechnung mit den Krankenkassen gelingt jedoch nur selten. Diese Tür könnte man jedoch öffnen und zumindest einem Teil der Heilpraktiker*innen für Psychotherapie ggfs. unter Auflagen zur Abrechnung mit den Krankenkassen in bestimmten Fällen erleichtern. Falls das zunächst abwegig erscheint ist zu bedenken, dass sich unter diesen Heilpraktiker*innen für Psychotherapie auch oft Diplom-Psycholog*innen, Diplom-(Sozial)Pädagog*innen und andere einschlägig studierte oder ausgebildete Personen befinden, deren Beruf und Expertise es bereits ohne die Qualifikation "Heilpraktiker*in für Psychotherapie" ist, helfende Gespräche und Prozesse mit Menschen zu gestalten. Die Qualifikation "Heilpraktiker*in für Psychotherapie" haben diese Fachkräfte also zusätzlich.

Zu 4: Der Ausbau von Familien- und psychosozialen Beratungsstellen sollte betrieben werden. Oft genug arbeiten dort Mitarbeiter*innen ungewollt auf Teilzeitstellen, während gleichzeitig die räumlichen Kapazitäten für eine umfänglichere Tätigkeit gegeben wären. Außerdem sind diese Stellen oft für Sozialpädagog*innen, umfänglich beraterisch fortgebildete Erzieher*innen, Heilpraktiker*innen für Psychotherapie und ähnliche Berufsgruppen attraktiv, die sich auf neu geschaffene Stellen bewerben würden.

Zu 5: Die Ausgabe von Beratungs- bzw. Therapiegutscheinen auch zur Einlösung bei freiberuflichen psychologischen Berater*innen, Familienberater*innen und niedergelassenen

Heilpraktiker*innen für Psychotherapie und Psychotherapeut*innen ohne Kassensitz kann erwogen werden. Möglicherweise will man hier erst einmal einen Modellversuch starten. Das hieße in einem umgrenzten Gebiet Personenkreise zu definieren, welche einen solchen Gutschein erhalten können und solche Stellen bzw. Personen zu definieren, bei denen diese Gutscheine eingelöst werden können.

Zu 6: Die Schaffung eines online-Angebots (webinar-Kurs) zur Qualifikation in systemischer Beratung mit ressourcenorientierter, lösungsfokussiert-kurztherapeutischer Ausrichtung sollte zügig betrieben werden. Konkrete initiale Hinweise hierzu finden sich bspw. bei BAMBERGER (2010), FURMAN (2008) sowie BAUER & HEGEMANN (2008). Diese Leistung könnte für Fort- und Weiterbildungsinstitute ausgeschrieben werden, welcher derzeit unter den Folgen der Pandemie leiden. Ein solcher Kurs könnte grundsätzlich ähnlich angelegt sein wie die bekannten Ausbildungen "Systemische Beratung". Im Kurs könnten im Übrigen Prüfungsmodule eingegliedert werden, welche die fachliche Qualifikation sichern helfen können. Der Kurs soll Therapeut*innen und Beratenden (nicht nur in den Beratungsstellen) helfen ihre Beratungskompetenzen zu erweitern und zukünftig befähigen, in den Fällen wo es möglich ist, Beratungen durch Ressourcenaktivierung und Lösungsorientierung (im Sinne einer solution-focused-brief-therapy) beim Klienten(system) entscheidend abzukürzen bzw. eine Kurztherapie durchzuführen. Damit wäre der Platz schnell(er) wieder für das nächste (Familien-)System verfügbar.

Anzumerken bleibt, dass alle aufgeführten Maßnahmen Arbeitsplätze schaffen können und damit Verdienstmöglichkeiten u.a. auch bei Freiberuflern, die oft genug unter den Verdienstausfällen während der Pandemie zu leiden hatten.

4.3 Evaluation

Es wird eingeräumt, dass die Wirksamkeit des vorgelegten Konzeptes und der vorgeschlagenen Maßnahmen, obwohl ausreichend und schlüssig theoretisch fundiert, grundsätzlich erst nach einer entsprechenden Evaluationsstudie differenziert beurteilt werden kann. Grundsätzlich ist daher zu empfehlen die ggfs. beschlossenen Maßnahmen zunächst zeitlich zu begrenzen, dafür Evaluationsinstrumente zu entwickeln und Begleitforschung zu betreiben. Die Instrumente könnten Fragebögen zur Kund*innen- bzw. Patient*innenzufriedenheit sein, Auswertungsbögen für Therapeut*innen, aber auch hochschulgestützte Begleitforschung für örtlich begrenzte Modellprojekte und auch weitergehend, erscheint denkbar. Auch externe, professionelle Evaluator*innen könnten eingesetzt werden, ggfs. örtlich begrenzt. Alle Ergebnisse könnten in einer Art sekundäranalytischen Metastudie zusammengefasst werden. Auf der Basis dieser Daten bzw. Evaluationsergebnisse könnte das vorgelegte Konzept nicht nur bewertet, sondern auch zum Wohle der jungen Klient*innen und ihrer Familien verfeinert und verbessert werden und potentiell auch Langzeitfolgen begegnet werden.

5. Zusammenfassung

Die vorgelegte Arbeit strebt eine Übersicht und hinreichende theoretische Fundierung besonders auch der Entstehung psychischer Störungen des Kindes- und Jugendalters an. Neben Risikofaktoren, besonders entwicklungspsychopathologischer Art, wird auch auf protektive Faktoren und umfassendere Konzepte wie bspw. das Vulnerabilitätskonzept, Entwicklungspfadmodelle, die Salutogenese, Stressmodelle und die Resilienztheorie hingewiesen. Der zentrale Gedankengang besteht darin, dass die COVID-19 Pandemie für Kinder, Jugendliche und ihre Familien einen systematischen epochalen Risikofaktor von hoher Relevanz darstellt, andererseits jedoch als protektiver Faktor Möglichkeiten der psychologischen Beratung und insbesondere auch der Psychotherapie bestehen, welche bisher noch nicht von Seiten des Gesundheitssystems ausgeschöpft sind. Hier werden wiederum insbesondere ambulante Möglichkeiten fokussiert, weil diese am schnellsten auszubauen sind und aufgrund ihrer Niedrigschwelligkeit eher in Anspruch genommen werden, sowie außerdem familiäre Systeme meist weniger "stören" als (teil)stationäre Interventionen. Im Kern geht es darum, bereits vorhandene supportive Ressourcen liberaler zu nutzen und bspw. u.a. Psychotherapeut*innen ohne Kassensitz die Abrechnung mit den Krankenkassen im Zuge des Kostenerstattungsverfahrens zu erleichtern und das Angebot psychosozialer Beratung zu erweitern (s. Kap. 4.2).

Ergänzend wird im Zuge der Ausführungen eine Abgrenzung zu Störungen des Erwachsenenalters dargelegt. Gleichzeitig wird auch fundiert begründet, dass die Familien der Kinder und Jugendlichen regelmäßig in die therapeutischen Konzeptionen für Minderjährige mit einbezogen werden müssen. Es werden hierfür umsetzbare Maßnahmen vorgeschlagen, welche genau dies grundsätzlich auch zu integrieren vermögen. Darüber hinaus sind die vorgeschlagenen Lösungen auch geeignet, einen ggfs. auch für Erwachsene pandemiebedingt erhöhten therapeutischen Bedarf zu berücksichtigen, obwohl der Schwerpunkt der Betrachtung im Rahmen dieser Arbeit bei Kindern und Jugendlichen liegt.

Literatur

ANTONOVSKY, A. 1985. Health, Stress, and Coping. San Francisco and London: Jossey-Bass

ASSEN, Christina von der 2016: Crash-Kurs Psychologie. Berlin: Springer

BAMBERGER, G. 2010. Lösungsorientierte Beratung. Weinheim: Beltz

BAUER, Christiane & T. HEGEMANN 2008. Ich schaffs! - Cool ans Ziel Das lösungsorientierte Programm für die Arbeit mit Jugendlichen. Heidelberg: Carl-Auer

BERK, Laura E. 2005. Entwicklungspsychologie. München: Pearson

BPtK Bundes Psychotherapeuten Kammer 2018. Studie Ein Jahr nach der Reform der Psychotherapie-Richtlinie Wartezeiten 2018. Berlin. Zugriff am 21.12.2020. Verfügbar unter https://www.bptk.de/wp-content/uploads/2019/01/20180411_bptk_studie_wartezeiten_2018.pdf

CASPAR, F., Irena PJANIC & S. WESTERMANN 2018. Klinische Psychologie. Wiesbaden: Springer

COMER, R. 1995. Klinische Psychologie. Berlin: Spektrum

CLAUS, D., Elisabeth AUST- CLAUS & Petra-Marina HAMMER 2008. Das ADS-Erwachsenen-Buch. Düsseldorf: Oberstebrink

DÖRNER, K., Ursula PLOOG, T. BOCK, P. BRIEGER, A. HEINZ, F. WENDT 2019. Irren ist menschlich Lehrbuch der Psychiatrie und Psychotherapie. Köln: Psychiatrie Verlag

EBERT, D. 2003. Psychiatrie systematisch. Bremen: Uni-med

ENRIQUEZ-GEPPERT, Stefanie 2019. Neurofeedback aus der Perspektive der Neurowissenschaften. Psychotherapeut, 64(3), 186–193.

ERIKSON, E. H. 2020 (Orig. 1959). Identität und Lebenszyklus. Frankfurt a. M.: suhrkamp

FRANCK, Eva-Maria 2019. Der sich und andere entwickelnde Mensch (Kinder- und Jugensychiatrie). In: DÖRNER, K., Ursula PLOOG, T. BOCK, P. BRIEGER, A. HEINZ, F. WENDT. Irren ist menschlich Lehrbuch der Psychiatrie und Psychotherapie. Köln: Psychiatrie Verlag

FURMAN, B. 2008 (Orig. 2003). Ich schaff's. Heidelberg: Carl Auer

GOLDSTEIN, S. & M. GOLDSTEIN 1990. Managing Attention Disorders in Children. New York: Wiley

HILL RICE, Virginia 2005. Stress und Coping. Bern: Huber

KNOKE, Sabine 2017. Entwicklung ausgewählter Funktionsbereiche menschlichen Verhaltens und Erlebens und spezifische Entwicklungsstörungen. Riedlingen: Studienbrief der SRH

KNÖLKER, U., F. MATTEJAT & M. SCHULTE-MARKWORT 2003. Kinder- und Jugendpsychiatrie und -psychotherapie systematisch. Bremen: Uni-med

LAZARUS R.S. 2005. Stress, Bewältigung und Emotionen: Entwicklung eines Modells. In: HILL RICE, Virginia. Stress und Coping: 231-263. Bern: Huber

LAZARUS R.S. & R. LAUNIER 1981. Streßbezogene Interakionen zwischen Person und Umwelt. In: NITSCH, J.R. Streß: 213-259. Wien: Huber

MÖLLER, H.J., G. LAUX & A. DEISTER 2005. Psychiatrie und Psychotherapie. Stuttgart: Thieme

NITSCH, J.R. 1981. Streß. Wien: Huber

PETZOLD, H. G. & Lotti MÜLLER 2004. Integrative Kinder- und Jugendpsychotherapie: Protektive Faktoren und Resilienzen in der diagnostischen und therapeutischen Praxis. In: Psychotherapie-Forum (2004) 12: 185-196. Austria: Springer

PETZOLD, T.D. 2010. Praxisbuch Salutogenese. Warum Gesundheit ansteckend ist. München: Südwest-Verlag

PHILIPSEN, Alexandra & M. DÖPFNER 2020. ADHS im Übergang in das Erwachsenenalter: Prävalenz, Symptomatik, Risiken und Versorgung. Zugriff am 21.12.2020. Verfügbar unter https://doi.org/10.1007/s00103-020-03175-y Bundesgesundheitsblatt 63, 910–915, 20.12.20.

SCHMITHÜSEN, Franziska 2015. Lernskript Psychologie. Berlin, Heidelberg: Springer.

SCHMITHÜSEN, Franziska & D. FERRING 2015. Entwicklungspsychologie. In: SCHMITHÜSEN, Franziska. Lernskript Psychologie. Berlin, Heidelberg: Springer.

SIEGRIST, U. & M. LUITJENS 2012. 30 Minuten Resilienz. Offenbach: Gabal.

TESMER, B. 1998. Hyperaktivität - Psychosoziale Verursachungsmomente im Rahmen einer empirisch-multifaktoriellen Betrachtung. Veröffentlichte Dissertation. Marburg: Tectum

TESMER, B. 2020. Einsendeaufgabe Klinische Psychologie 1. Unveröffentlichte Arbeit. Riedlingen: SRH, Note 1,0

STIFTUNG WARENTEST (test.de) 2020. Psychotherapie Schnellere Hilfe für gesetzlich Krankenversicherte. Berlin. Zugriff am 22.12.2020. Verfügbar unter https://www.test.de/Psychotherapie-Schnellere-Hilfe-fuer-gesetzlich-Krankenversicherte-5250778-0/

TRAGESER, Caroline Christina 2010. Dimensionalität dysfunktionaler Kognitionen und Assoziationen zum psychischen Gesundheitsstatus - eine Studie unter Lehrkräften. Im Internet veröffentlichte Dissertation. Marburg: Philipps-Universität, FB Medizin

WELTGESUNDHEITSORGANISATION 2010. Internationale Klassifikation psychischer Störungen ICD-10 Kapitel V (F) Klinisch-diagnostische Leitlinien. Bern: Huber

WELTGESUNDHEITSORGANISATION Regionalbüro für Europa (WHO Europa) 2020. Psychische Gesundheit und COVID-19. Kopenhagen, Dänemark. Zugriff am 21.12.2020. Verfügbar unter https://www.euro.who.int/de/health-topics/health-emergencies/coronavirus-covid-19/publications-and-technical-guidance/noncommunicable-diseases/mental-health-and-covid-19

WITTCHEN H.U. & J. HOYER 2011. Klinische Psychologie und Psychotherapie. Berlin: Springer

Grafisches Modell der Salutogenese, Original (Quelle: ANTONOVSKY, A. 1985. Health, Stress, and Coping. San Francisco and London: Jossey-Bass: 184-185).

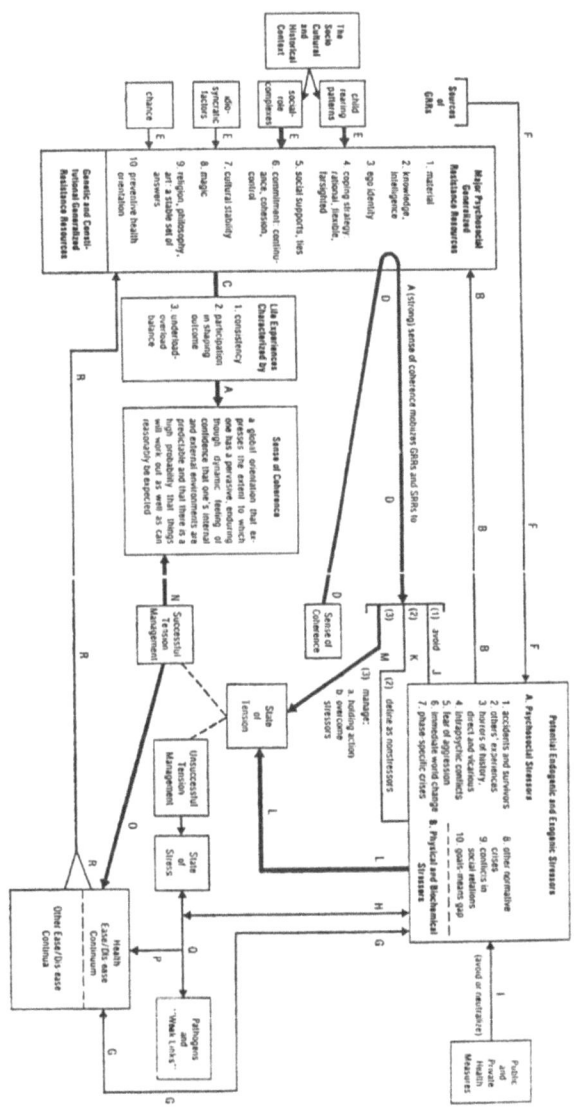